www.ingramcontent.com/pod-product-compliance
Lightning Source LLC
Chambersburg PA
CBHW071326080526
44587CB00018B/3356
* 9 7 8 1 6 3 6 5 7 1 5 0 8 *